내가 마을을 만들었어!

처음 만나는 사회 그림책 2_지리

내가 마을을 만들었어!

초판 1쇄 발행 2017년 9월 14일
초판 7쇄 발행 2024년 6월 3일

글 서보현
그림 박지은

펴낸곳 도서출판 개암나무(주)
펴낸이 김보경
경영관리 총괄 김수현　　**경영관리** 배정은 조영재
편집 조원선 김소희　　**디자인** 이은주　　**마케팅** 이기성
출판등록 2006년 6월 16일　제22-2944호

주소 서울특별시 용산구 한남대로40길 19, 4층(한남동, JD빌딩) (우)04417
전화 (02)6254-0601, 6207-0603　　**팩스** (02)6254-0602　　**E-mail** gaeam@gaeamnamu.co.kr
개암나무 블로그 http://blog.naver.com/gaeamnamu　　**개암나무 카페** http://cafe.naver.com/gaeam

ⓒ 서보현, 박지은, 2017
이 책의 저작권은 저자에게 있습니다. 저자와 출판사의 허락 없이 내용의 일부를 인용하거나 발췌하는 것을 금합니다.

ISBN 978-89-6830-424-8　74980
ISBN 978-89-6830-374-6(세트)

이 도서의 국립중앙도서관 출판시도서목록(CIP)은 서지정보유통지원시스템 홈페이지(http://seoji.nl.go.kr)와
국가자료공동목록시스템(http://www.nl.go.kr/kolisnet)에서 이용하실 수 있습니다.
(CIP제어번호: CIP2017021699)

※ 이 책은 한국출판문화산업진흥원의 출판 콘텐츠 창작 자금을 지원받아 제작했습니다.

품명 아동 도서 | **제조년월** 2024년 6월 3일 | **사용연령** 8세 이상
제조자명 개암나무(주) | **제조국명** 대한민국 | **전화번호** 02-6254-0601
주소 서울특별시 용산구 한남대로40길 19, 4층(한남동, JD빌딩)

> 작가의 말

우리가 살아가는 마을에 관심을 기울여요!

여러분이 살고 있는 마을에 대해 곰곰이 생각해 본 적 있나요? 마을이 왜 이곳에 생겼는지, 어떻게 변해 왔고, 어떻게 운영되고, 어떤 기관들이 있는지……. 아마 별로 생각해 본 적이 없을 거예요. 우리가 매일 들이마시는 공기처럼 너무나 당연하게 여기기 때문이지요. 하지만 마을을 들여다보면 정치, 경제, 사회, 문화, 역사 등 우리 사회의 전 영역을 이해할 수 있어요. 또한 한 나라의 다양한 사람들이 모여 이룬 가장 작은 삶터이므로 마을을 알면 더 큰 단위의 사회까지도 쉽게 이해할 수 있지요.

마을은 사람들이 집을 짓고 모여 사는 곳이에요. 나와 내 이웃이 함께 생활하는 곳이지요. 아주 먼 옛날에도 마을은 있었어요. 그때는 마을에 사람들이 사는 집이 전부였지요. 하지만 세월이 흐르고 기술이 발전하면서 마을에 물건을 사고파는 시장이 생기고, 사람들의 편의를 위한 여러 시설이 들어서고, 다른 마을로 이동할 수 있는 길과 교통수단이 생겼어요. 그런데 이러한 발전이 저절로 이루어진 걸까요? 그렇지 않아요. 마을의 구성원들의 관심과 바람, 요구 등이 모여 더 좋은 방향으로 나아가게 한 것이지요. 그래서 우리 모두는 우리가 살아가는 마을에 관심을 갖고 살펴야 해요. 물론 여러분도 그 역할을 충분히 할 수 있어요.

　혹시 게임을 좋아하나요? 저는 '만들기 게임'을 아주 좋아하는데, 그중에서도 '마을 만들기' 게임을 즐겨 해요. 게임을 하다 보면 마을이 커져서 도시가 될 때도 있지만, 사람들이 죄다 이웃 마을로 이사 가 버릴 때도 있어요. 그러면 '왜 사람들이 내가 만든 마을을 좋아하지 않을까' 곰곰이 생각해요. 이 책의 주인공 민우도 마찬가지예요. 마을 만들기 게임을 하면서 마을이 무엇으로 구성되고, 어떻게 운영되는지 알아 가요. 그 과정에서 마을 사람들의 볼멘소리에 속상해하기도 하고, 계획을 잘못 세워 당황하기도 하지요.

　여러분도 책을 읽으면서 머릿속에 나만의 마을을 떠올려 보세요. 여러분은 어떤 멋진 마을을 만들고 싶나요? 마을을 만드는 게 어려울 것 같다고요? 전혀 그렇지 않아요. 책을 읽다 보면, 마을에 필요한 것이 무엇인지, 어떤 곳이 살기 좋은 마을인지, 마을이 잘 돌아가려면 무엇이 필요한지 자연스레 알 수 있답니다. 이 과정을 통해 우리 사회를 이루는 마을과 도시, 더 나아가 우리나라에 관심을 기울여 보세요. 또한 그 속에서 다른 사람들과 서로 어울려 살아가는 삶의 이치를 깨닫길 바라요.

서보현

민우가 사회 숙제를 하려고 컴퓨터를 켰어요.

숙제는 '우리 고장의 특산물과 축제 조사하기'예요.

인터넷 검색을 하려고 아이콘을 눌렀는데, 갑자기 조그만 화면이 나타났어요.

'혹시 바이러스?'

민우는 깜짝 놀라 화면을 닫으려고 했어요.

그런데 화면 안에서 난데없이 조그만 사람들이 톡톡 튀어나왔어요.

"마을을 만들어 줘!"

"우리는 마을이 필요해!"

민우는 '새로 나온 게임 광고인가?' 하며 고개를 갸우뚱했어요.

그때 캐릭터 하나가 폴짝폴짝 뛰며 말했어요.

"민우야, 네가 만든 마을에서 사람들이 행복하게 사는 모습을 보고 싶지 않니?"

"어? 내 이름을 어떻게 알았어?"

민우가 묻자 캐릭터는 빙그레 웃으며 폴짝폴짝 뛰기만 했어요.

조그만 사람들은 마을을 만들어 달라며 계속 왕왕 떠들어 댔어요.

"아, 알았어. 한번 해 볼게."

민우의 말에 사람들이 '와' 하며 환호성을 질렀어요.

시작 버튼을 누르니 화면에 넓은 평야가 펼쳐졌어요.
왼쪽에는 높은 산이, 오른쪽에는 바다가 있었지요.
그리고 아래에 네 개의 버튼이 나타났어요.
민우는 무엇부터 시작해야 할지 몰라 멍하니 있었어요.
그때 지니가 튀어나왔어요.
"버튼을 눌러 봐! 널 도와줄 거야!"
민우는 화면에 떠 있는 버튼을 이것저것 눌러 보았어요.

임무를 완수하거나 마을 사람들이 세금을 내면 금고에 금화가 차곡차곡 쌓여요. 금화로 마을에 필요한 시설을 지을 수 있답니다.

주변 마을 친구들에게 메시지를 보내거나 친구들이 보낸 메시지를 확인할 수 있어요.

"마을을 어디에 만들 거야?"
지니의 말에 민우는 화면을 들여다보았어요.
어느 곳이 좋을지 몰라 이리저리 마우스를 움직이다가
산에 마우스 커서를 갖다 대었어요.

경치가 끝내주는 산입니다. 봄에는 꽃, 여름에는 시원한 계곡, 가을에는 단풍, 겨울에는 멋진 설경*이 펼쳐져요. 이곳에 마을을 만들면 관광객이 엄청나게 몰려들 거예요!

"맞아, 유명한 관광지가 되면 마을 사람들이 돈을 많이 벌 수 있을 거야."
이번에는 평야에 커서를 갖다 대었어요.

큰 강을 끼고 있는 넓은 평야입니다. 농사를 짓기에 아주 좋고, 도로나 기찻길을 만들기에도 좋아요. 게다가 땅이 넓어서 많은 사람이 모여 살 수 있어요.

설경 눈이 쌓인 경치.

민우는 바다 근처로 커서를 옮겼어요.

파도가 세지 않은 드넓은 바다가 가까이에 있습니다. 물고기나 조개 등 해산물이 풍부하고 뱃길을 따라 다른 마을과 오가기도 편리해요.

"음……, 하나를 고르려니 힘드네. '도움말' 버튼을 다시 눌러 봐야지."
버튼을 누르자, 각 장소에 대한 설명이 줄줄 나왔어요.

산간 지역에 마을을 세우면 평평한 땅이 얼마 없기 때문에 큰 도시로 발전하기가 어렵습니다. 대신 지하자원이 발견되면, 그것을 기반으로 공업이 발달해요.
평야에 마을을 세우면 사람들이 모여들어 큰 도시로 발전할 수 있습니다.
바닷가에 마을을 세우면 배를 이용하여 외국이나 다른 마을과 무역을 하기에 좋아요.

15

한 걸음 더!
마을은 어떤 곳에 생기나요?

먹거리를 구하기 쉬운 곳에 생겨요

뭐니 뭐니 해도 마을이 생기려면 먹거리가 풍부해야 해요. 특히 물이 귀한 곳에는 마을이 생기기 어려워요. 물이 없으면 농사를 지을 수 없고, 강이나 바다에서 자라는 먹거리도 구할 수 없기 때문이지요. 그래서 마을은 주로 강이나 바다 근처에 생겨요. 산간 지역에서도 마을은 물을 구하기 쉬운 계곡 근처에 자리 잡아요. 이런 곳은 열매가 많거나 곡식을 기르기 쉽고, 낚시를 하기에도 알맞아요.

집을 짓기 쉬운 곳에 생겨요

마을을 이룰 정도의 많은 집이 들어서려면 땅이 넓고 단단해야 해요. 푹푹 꺼지는 모래땅이나 진흙땅은 피해야 하지요. 또한 근처에 집을 지을 재료인 나무나 흙이 많은 곳이 좋아요.

자연재해에서 안전한 곳에 생겨요

자연재해가 자주 일어나는 곳에 마을이 들어서면 사람들이 늘 불안할 거예요. 공들여 만든 집이 언제 무너질지 모르니까요. 그래서 예부터 물이 자주 넘치는 곳이나, 흙과 돌이 무너지기 쉬운 비탈진 곳에는 마을이 생기지 않았어요.

마을이 들어선 곳에 자연재해가 발생하면 나무를 심어 물이 넘치는 것을 막거나, 사방 공사를 하여 흙이나 돌 더미가 무너지지 않도록 했답니다.

"나는 큰 도시를 건설하고 싶으니까 평야에 마을을 만들어야겠다."
민우가 평야를 누르자, 임무가 주어졌어요.

임무
집 20채가 모인 마을을 만드세요.
단, 마을에 사는 사람들이 불편하지 않도록
편리한 시설들을 갖추어야 합니다. 성공하면 금화 10개를 드립니다.

'편리한 시설을 갖추라고?'
민우가 고민에 빠져 있는데, 지니가 말했어요.

집만 있다고 마을이 되는 건 아냐.
집에 사람이 살려면 무엇이 필요할까?

'아하!' 민우는 그제야 무릎을 치고, 마우스를 움직였어요.
민우는 우선 마을에서 전기를 쓸 수 있게 했어요.
그런 다음 수도를 연결하고, 가스관도 설치했어요.

전기
마을에서 쓰는 전기는 근처 발전소에서 끌어와요. 발전소에서 만든 전기는 변전소(전압을 바꾸어 주는 곳)를 거쳐, 전봇대나 땅속에 묻힌 전선을 통해 각 가정으로 공급돼요.

수도
마을에서 쓰는 물은 근처의 댐과 같은 취수장(물을 모으는 곳)에서 정수장(물을 깨끗하게 하는 곳)을 거쳐 수도를 통해 각 가정에 공급돼요.
우리가 쓰고 버린 물은 하수구를 통해 하수 처리장으로 가고, 그곳에서 깨끗하게 걸러져 바다로 가요.

가스
우리가 집에서 쓰는 가스는 두 가지 형태예요. 하나는 액체 형태로 통에 담아 가정으로 배달하는 액화 석유가스(LPG)이고, 다른 하나는 관을 통해 집까지 전달하는 액화 천연가스(LNG)예요. 액화 천연가스는 우리가 잘 아는 도시가스로 쓰여요. 도시가스는 한국가스공사가 각 지역에 가스 공급 관리소를 두어 관리해요.

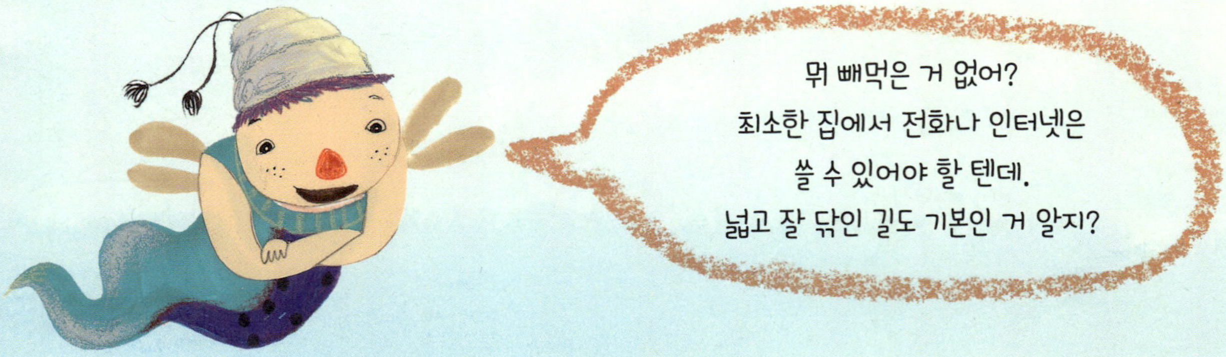

뭐 빼먹은 거 없어?
최소한 집에서 전화나 인터넷은
쓸 수 있어야 할 텐데.
넓고 잘 닦인 길도 기본인 거 알지?

"아하, 맞다. 통신 시설!"
민우는 얼른 통신 시설을 세웠어요.
집 주변으로 도로를 만들어 마을 바깥의 큰길과 잇자,
마을이 제법 그럴듯해 보였어요.

이제 다 됐지?
자, 살기 좋은 마을입니다.
다들 이사 오세요!

통신

한 마을에서는 여러 통신 회사의 통신 회선을 사용해요. 사람들이 각 회사에 돈을 내면 그 회사에서 설치한 여러 통신망을 이용할 수 있지요. 이런 통신망을 통해 전화나 인터넷 등을 쓸 수 있어요.

민우의 말을 듣기라도 한 듯, 사람들이 집을 짓기 시작했어요.
하나, 둘, 셋, 넷…… 집이 점점 늘자, 마을에 생기가 넘쳐 났어요.
"이거 꽤 재미있는데?"
그때 갑자기 팡팡, 불꽃이 터졌어요.

임무 완수

이제 당신의 마을은 20가구 이상이 모인 어엿한 마을이 되었습니다.
금화 10개를 드립니다!

민우는 금화를 어디에 써야 할지 몰랐지만 왠지 뿌듯했어요.
그런데 기쁨도 잠시, 화면 속에서 비명이 들려왔어요.
"아이고, 머리야!"
민우는 머리를 감싸 쥐었어요.

무슨 일이지?

불이야, 불이야!

우리 집에 도둑이 들었어요!

마을에 사람들을 모은 것까지는 좋았는데,
사람들이 모이자 사건, 사고가 생겼어요.
여기저기서 빨간 경고등이 반짝거려 민우는 정신이 하나도 없었어요.
"어떻게 해야 하지? 그냥 컴퓨터를 꺼 버릴까……."

"그래! 소방서랑 경찰서가 있어야 해!"
하지만 민우가 우물쭈물하는 사이 집 한 채가 홀랑 타 버리고,
도둑은 저 멀리 도망가고 말았어요.
게다가 불이 난 집에 살던 사람은 다치기까지 했지요.
민우는 왠지 제 탓인 것 같아서 기분이 좋지 않았어요.
바로 그때 또 다른 임무가 주어졌어요.

임무

금화를 사용해 마을에 필요한 공공 기관들을 만드세요.
단, 공공 기관을 운영하는 데에도 금화가 필요하니
금화를 다 쓰지 않도록 계획을 잘 세우기 바랍니다.

보건소도 있으면 좋겠어요.

"음, 공공 기관이라면 소방서랑 경찰서 같은 건가?
소방서와 경찰서, 보건소…… 또 뭐가 있을까?"
민우는 공공 기관이 무엇인지 헷갈려 도움말 버튼을 눌렀어요.

공공 기관이란 개인의 이익이 아닌, 여러 사람의 이익을 위해 운영되는 기관을 뜻해요. 시청, 구청, 주민센터와 같이 나랏일이나 지역의 일을 맡아서 하는 관공서와, 국민들의 안전과 복지를 위해 나라에서 운영하는 소방서, 우체국, 보건소 등이지요.

소방서

각 지역마다 의무적으로 만들어야 해요. 마을에 불이 나면 그 지역의 소방서에서 소방관들이 출동해 화재를 진압할 뿐 아니라 긴급한 상황이 발생했을 때 구조하는 업무도 맡고 있답니다.

경찰서

소방서와 마찬가지로 각 지역마다 의무적으로 만들어야 해요. 경찰서보다 작은 단위인 지구대를 조금 더 좁은 범위마다 두어 마을의 안전을 지키지요. 경찰은 범죄를 예방하고, 범인을 잡는 일을 해요. 교통이 혼잡한 곳을 정리하는 일도 맡고 있어요.

보건소

구나 군 단위로 만들어요. 마을 사람들의 건강을 돌보는 곳이에요. 저렴한 가격으로 병을 치료하거나 예방 접종을 하고, 질병을 예방하기 위해 다양한 교육을 하지요.

우체국

편지, 등기 우편이나 소포를 보내고 받는 일을 해요. 우리나라 뿐만 아니라 외국에도 우편물을 배달하지요. 또한 은행이 하는 예금, 출금 업무나 보험 업무도 해요.

구청

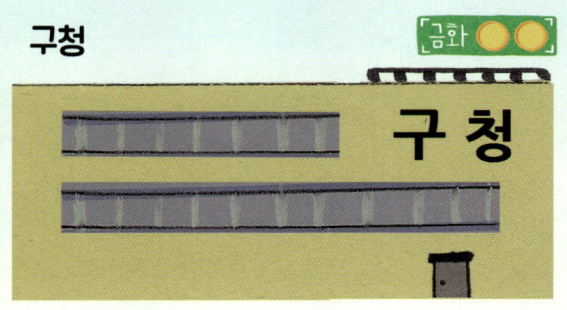

해당 구에 사는 주민들의 복지와 관련한 행정 업무를 처리하고, 각종 증명서를 발급해요. 쌓인 눈을 치우는 일부터 관할 지역의 환경 미화와 주민 행사에 이르기까지 주민 편의를 위해 많은 일을 하지요. 구청은 지역에서 걷은 세금으로 운영된답니다.

이외에도 교육청, 법원, 세무서, 공공 박물관 등이 있지!

민우는 지니의 말 대로 옆 마을에 쪽지를 보냈어요.
그러자 곧 답장이 도착했어요.

안녕, 난 세영이야. 너도 이 게임을 하는구나.
어떤 공공 기관을 먼저 세울지 고민이라고? 음, 난 바닷가에 마을을 세웠는데, 마을에 공룡 유적지가 있어서 관광 명소로 자리를 잡았어. 그러다 보니 관광객들을 도와줄 경찰서와 구청이 가장 먼저 필요했지. 너희 마을은 어떤 특징이 있어? 특징에 걸맞는 기관을 먼저 세우면 될 거야.

"우리 마을 사람들은 대부분 다른 도시에 가서 일하고, 생활만 이곳에서 하니까 생활하는 데 필요한 구청과 소방서, 경찰서를 먼저 만들어야겠어."
구청과 소방서, 경찰서가 생기자 마을은 점점 더 커졌어요.
게다가 확 줄었던 돈이 다시 쌓이기 시작했어요.
"어, 돈이 왜 쌓이지?"

모든 국민은 세금을 내요. 중앙 정부와 지방 정부는 이 세금을 거둬 국민의 안전과 편의를 위해 사용하지요. 마을의 규모가 커져서 '구'나 '시'가 되면 더 많은 세금을 걷고 쓸 수 있어요.

우체국 업무를 보러 이웃 마을까지 가지 않아도 되니까 편리해요.

보건소에서 예방 접종을 싸게 할 수 있어서 좋아요.

민우는 사람들이 낸 세금으로 우체국과 보건소도 지었어요.
그러자 행복 지수가 올라갔어요.
"어, 사람들이 행복하다는 이야기인가? 왠지 보람찬걸."
꼭 필요한 공공 기관이 모두 생기자, 민우의 마을은 규모가 더욱 커졌어요.
"마을이 꼭 살아 있는 생명체 같아. 저절로 크고 있잖아?"

마을은 마을에서 생활하는 사람들에 의해 발전한다고!

임무 완수

공공 기관을 성공적으로 설립하였습니다.
마을에 필요한 것 중 하나를 공짜로 지을 수 있는 쿠폰을 드립니다.

그런데 어느 순간이 되자 마을이 더 이상 크지 않았어요.
게다가 이사를 가는 사람들이 생겨났지요.
"어, 왜 이러지? 공공 기관을 더 지어야 하나?"

"아이들? 음, 놀이터? 아, 아니다. 학교!"
민우는 그제야 마을에 학교가 없다는 것을 깨달았어요.
시골의 작은 마을에도 학교가 있는데 이렇게 큰 마을에
유치원 하나 없으니 사람들이 이사를 갈 수밖에 없지요.

"앗, 아까 받은 쿠폰을 학교 만드는 데 써야겠다!"
민우는 쿠폰으로 유치원을 만들고,
금화로 초등학교, 중학교를 만들었어요.
그리고 고등학교를 만들려는 찰나, 친구에게서 쪽지를 받았어요.

안녕, 난 바로 옆 마을의 시헌이야. 우리 마을은 아이들이 많지 않아서 고등학교에 학생 수가 부족해. 혹시 우리 고등학교를 함께 사용하지 않을래? 그러면 금화도 절약되고, 아이들도 편할 거야.

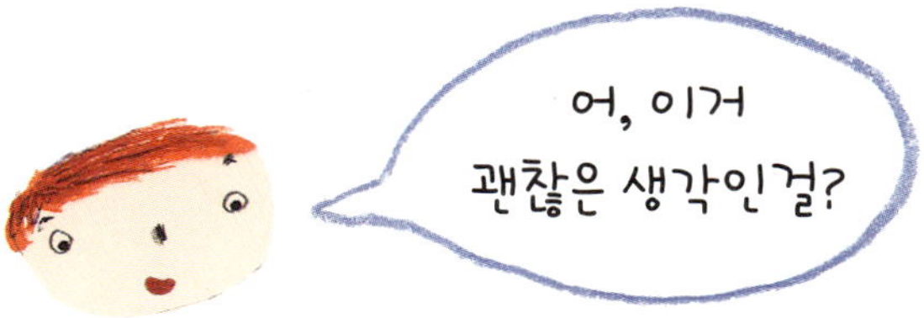

어, 이거 괜찮은 생각인걸?

고등학교는 옆 마을로 다녀도 괜찮아요.

임무 완수

이제 당신의 마을은 유치원부터 고등학교까지 갖추었습니다.
금화 10개를 드립니다.

금화도 받고, 마을 사람들도 행복해하고!

민우는 이제 느긋하게 게임을 즐기기로 했어요.

부엌에서 과자 한 봉지를 가져와 다시 컴퓨터 앞에 앉았어요.

그런데 화면에 아이콘 하나가 반짝거렸어요.

아이콘을 누르자, 갑자기 화면이 회의실로 바뀌었어요.

그러고 보니 민우네 마을에는 교통수단이 없었어요.
무거운 가방을 메고 비를 맞으며 걸어 다니는 사람들을 보니
마음이 무거웠어요.

> **임무**
> 공공 교통수단을 만드세요. 금고에 남은 금화에 맞춰
> 마을에 꼭 필요한 교통수단을 만들면 금화 10개를 드립니다.

민우는 우선 어떤 교통수단을 만들 수 있는지 살펴보았어요.

마을버스는 마을 곳곳을 누벼 사람들이 편리하게 이동할 수 있어요. 설치하는 데도 돈이 적게 들지요. 대신 버스에서 나오는 매연은 감수해야 할 거예요. 또 길이 막히는 것도 염두에 두어야 해요.

경전철은 마을버스보다 훨씬 많은 사람을 한꺼번에 옮길 수 있어요. 게다가 소음과 매연도 적지요. 대신 마을버스보다 설치하는 데 훨씬 많은 돈이 들어요.

민우는 한참을 고민하다가 경전철을 만들기로 했어요.
돈이 조금 모자라지만, 세금을 계속 걷으니 괜찮을 것 같았어요.
마을 곳곳에 경전철이 다닐 선로를 설치했어요.

이런! 금고에 금화가 얼마나 있는지 확인은 한 거야? 잘못하다가는 금화가 모자라게 생겼는데?

지니가 걱정했지만 민우는 마을이 더 근사해 보이길 바랐어요.
"마을버스보다 경전철이 훨씬 더 멋있다고.
내가 만들겠다는데 누가 뭐래? 경전철이 생기면 다들 좋아할걸!"
그런데 마을에서는 늘 예기치 못한 일이 생겨요.

경고

지난밤에 내린 폭우로 송전탑이 무너져 마을 전체가 정전이 되었어요. 마을 사람들이 불편하지 않도록 빨리 수리해야 합니다!

"이럴 수가! 멀쩡하던 송전탑이 왜 하필 지금 무너지고 난리람!"

민우는 어쩔 수 없이 경전철 공사를 멈추고 송전탑부터 고쳤어요.

그러자 이번에는 경전철 공사 비용이 부족해졌어요.

결국 경전철 공사는 중단되고 말았지요.

"어떡하지? 사람들의 불만이 점점 커져 가는데…….

그냥 남은 돈으로 마을버스를 설치할까?

아니면 조금 기다렸다가 세금을 모아 경전철을 완성할까?"

민우는 한참 동안 고민했어요.

민우는 지니의 말을 듣고 중앙 정부에 메시지를 보냈어요.

안녕하세요. 마을에 경전철을 건설하는 데 금화가 조금 모자랍니다. 세금을 걷어 곧 갚을 테니, 금화 2개만 빌려주시겠어요?

그러자 곧 나라의 재정을 맡고 있는 부처에서 답장이 왔어요.

네, 알겠습니다. 다행히 철도 건설 예산이 남아 빌려 드릴 수 있습니다. 다만 다음 달까지 꼭 갚으시기 바랍니다.

"휴, 살았다!"
민우는 시의 도움으로 경전철을 완성했어요.
마을에 경전철이 생기자, 사람들도 기뻐했지요.

임무 완수

성공적으로 경전철을 만들었습니다. 상으로 마을에 필요한 것 하나를 공짜로 지을 수 있는 쿠폰을 드립니다.

한 걸음 더! 마을과 시, 도는 어떻게 다른가요?

시나 도, 군이나 구 등은 '행정 구역'이에요. 나라를 효율적으로 관리하기 위해 지역을 구분한 것이지요. 우리나라는 행정 구역을 특별시, 광역시, 도, 시, 군, 구, 읍, 면, 동, 리로 나누어요. 예를 들어 서울은 특별시이며 그 안에는 여러 개의 구가 있고, 구 안에는 여러 개의 동이 있어요. 제주도는 특별자치도, 대구는 광역시이지요. 이런 행정 구역은 인구수나 행정 구역을 나누는 목적에 따라 바뀌기도 해요.

마을은 행정 구역과는 조금 달라요. 생활하는 곳이 비슷한 한 떼의 집을 의미하지요. 행정 구역처럼 법으로 정해진 것은 아니지만, '우리 마을'이라고 부르는, 마음으로 정한 경계선이 있는 셈이에요. 우리나라에서는 주로 리나 구 단위로 나뉜 곳을 마을이라고 불러요. 대신 구청이나 소방서, 경찰서, 학교 등의 기관은 행정 구역을 중심으로 운영하며, 세금도 행정 구역을 중심으로 걷어요.

지방 자치 제도

우리나라는 중앙 정부가 나라 전체를 관리하고, 지방 자치 단체가 각 지역을 독립적으로 꾸려 나가는 지방 자치 제도를 실시하고 있어요. 나라 전체의 살림을 꾸려 가는 중앙 정부가 각 지역을 일일이 신경 쓰기 어렵기 때문이지요.

중앙 정부에 행정부와 국회가 있듯이, 지방 자치 단체에도 그 지역의 살림을 맡는 행정 기관과 행정 기관을 감시하는 지방 의회가 있어요. 행정 기관은 시청, 도청 등이고, 지방 의회는 시 의회, 도 의회 등이지요.

지방 자치 단체는 행정 구역의 크기에 따라 광역 자치 단체와 기초 자치 단체로 구분해요. 광역 자치 단체에는 특별시, 광역시, 도, 특별자치도, 특별자치시가 있고, 기초 자치 단체는 그보다 작은 행정 구역인 군, 동, 리 등이에요.

지방 자치 단체가 중앙 정부와 독립된 기관이기는 하지만 그렇다고 완전히 독자적으로 움직이는 것은 아니에요. 중앙 정부와 서로 협력하며 정책을 결정한답니다.

아하, 행정 구역으로 보면 '리'가 가장 작고 동, 구, 시 순서로 커지는구나!

구
도봉구, 강북구, 노원구, 은평구, 성북구, 중랑구, 서대문구, 종로구, 동대문구, 강서구, 마포구, 중구, 성동구, 광진구, 강동구, 용산구, 양천구, 영등포구, 동작구, 송파구, 구로구, 강남구, 금천구, 관악구, 서초구

동
동자동, 후암동, 청파동, 이태원2동, 효창동, 원효로1동, 용문동, 한남동, 원효로2동, 이태원1동, 한강로동, 용산2가동, 보광동, 이촌2동, 동빙고동, 서빙고동, 주성동, 이촌1동

리 (마을)

인천광역시, 서울특별시, 강원도, 경기도, 충청남도, 충청북도, 세종특별자치시, 대전광역시, 경상북도, 전라북도, 대구광역시, 울산광역시, 경상남도, 부산광역시, 광주광역시, 전라남도, 제주특별자치도

41

이제 민우네 마을은 알아서 착착 돌아가요.
그런데 이상하게도 주말이 되면 마을이 텅텅 비어요.
'다들 어디로 가는 걸까……'
민우는 원인을 찾기 위해 화면을 뚫어져라 쳐다보았어요.

> 문화·여가 시설이나 상업 시설을 만들어 봐. 그러면 사람들이 놀 거리를 찾아 다른 마을로 가지 않을 거야.

대형 마트 〖금화 ●●●〗
다양한 물건을 싼값에 구입할 수 있어요.

주민센터 〖금화 ●●〗
각종 문화 강좌를 무료 혹은 저렴한 비용으로 들을 수 있어요.

백화점 〖금화 ●●●〗
고급스러운 물건을 한곳에서 쉽게 구입할 수 있어 주변 마을의 사람들까지 쇼핑하러 올 거예요.

수영장 〖금화 ●●〗
마을 주민들의 건강을 지켜 줄 거예요. 많은 사람들이 함께 이용할 수 있어요.

"아하! 그래서 마을 사람들이 주말이면 어디론가 다 사라져 버렸구나!
하긴, 나도 주말이면 가족들과 함께 백화점이나 마트에 가고,
영화관에 가거나 운동을 하러 나가지."
바로 그때 임무가 주어졌어요.

임무

우리 마을에 어울리는 문화 혹은 여가 시설과 상업 시설을 만드세요.
새로운 시설이 마을 사람들의 인기를 끌면 금화 10개를 드립니다.

공연장 [금화 ●●●]
음악회, 뮤지컬, 연극 등 다양한 문화 공연을 즐길 수 있어요.

도서관 [금화 ●●]
학생들은 물론이고 어린이와 어른도 이용할 수 있어요.

놀이터 [금화 ●]
돈이 적게 들어 많이 만들 수 있어요.
하지만 어린이들만 이용할 수 있지요.

축구장 [금화 ●●]
축구는 물론이고 다른 행사도 할 수 있어요.

민우는 여러 시설들을 꼼꼼하게 따져 보았어요.

"음, 우선 아이들을 위해 놀이터를 몇 개 만들어야지.

우리 마을에는 서민들이 많이 사니까

백화점보다는 값싸고 질 좋은 물건이 많은 대형 마트를 만드는 게 좋겠어.

문제는 문화 시설이네. 주민센터랑 도서관, 공연장, 다 좋아 보이는데……."

민우는 문득 고등학교를 만들 때가 떠올랐어요.

문화 시설은 늘 쓰는 것이 아니니, 이웃 마을과 함께 사용하면

좋을 것 같았지요. 그래서 얼른 쪽지를 띄웠어요.

안녕, 우리 마을에 문화 시설을 만들려고 해! 혹시 너희 마을에 어떤 문화 시설이 있니? 옆 마을과 각기 다르게 지어 함께 이용하면 좋을 것 같아!

오, 그거 정말 좋은 생각이다. 우리 마을에는 공연장과 수영장이 있어. 너희 마을에는 경전철이 있으니 우리 마을까지 오기는 어렵지 않을 거야.

우리 마을에는 도서관과 축구장이 있어! 너희 마을에는 대형 마트나 주민센터를 만들면 어때? 우리 마을 사람들에게도 필요한 시설이니 자주 찾을 거야!

민우는 쪽지를 받고 바로 결정했어요.

"좋아, 그럼 우리 마을에는 대형 마트와 주민센터를 만들어야지!"

2단계가 되자, 민우의 마을은 훨씬 넓어지고 사람들로 붐볐어요.

그런데 갑자기 경고 창이 깜빡였어요. 잘 들여다보니 길이 꽉 막혔어요.

민우는 출퇴근하는 사람들이 불편하지 않도록 길을 넓히려고 했어요.

그때 지니가 말했어요.

"모든 길을 다 넓힐 필요는 없어. 우선 도시의 중심지와

다른 도시로 연결되는 길 정도만 넓혀도 돼."

"중심지? 중심지라면 중간 부분을 말하는 건가?"

민우는 도시 가운데 길을 넓히려다 생각을 고쳐먹었어요.

"아니야, 이젠 도시이니까 더 신중해야지. 도움말 버튼을 눌러 보자."

지역 안에서 사람이 많이 모이는 곳을 중심지라고 해요. 구청이나 시청, 시장, 터미널 등이 있는 곳이지요. 사람들은 중심지에서 쇼핑을 하고 공공 기관을 이용하거나 다른 지역으로 이동해요.

역시 대형 마트와 공공 기관이 자리한 곳에 사람들이 많았어요.

"좋았어, 여기가 중심지인 것 같으니까 우선 이곳부터 넓혀야겠어."

그런데 길을 넓히는 것은 쉬운 일이 아니었어요.

이미 지어진 건물들을 부수고, 그 자리에 길을 내야 했거든요.

공사를 하는 동안 사람들은 불편하다며 난리였어요.

길이 더 막히는 것은 말할 것도 없고요.

"아유, 다음에는 길부터 내고 도시를 만들어야겠다."

길이 넓어지자 교통이 편리해졌어요. 사람들도 더 몰려들었지요.
그러자 중심부에 다른 편의 시설들이 들어서기 시작했어요.
가장 먼저 식당이 생겼어요.

그다음에는 은행이 생겨났어요.

"3차 산업? 그게 뭐지? 뭔가 단계가 높은 산업이라는 뜻인가?"
민우는 지니가 말한 3차 산업의 뜻을 알아보기 위해
'산업'이라고 적힌 버튼을 눌렀어요.

산업은 우리가 살아가는 데 필요한 것을 만드는 활동이에요. 먹거리나 생활에 필요한 제품을 만드는 일, 사람들이 편리하게 생활할 수 있도록 서비스를 제공하는 일이 모두 산업이지요. 산업은 무엇을 어떻게 만드느냐에 따라 1차, 2차, 3차 산업으로 나뉘어요.
1차 산업은 자연환경을 이용해 제품을 생산하는 산업이에요. 농업, 어업, 임업, 목축업 등이 있지요.
2차 산업은 1차 산업에서 얻은 생산물을 가공하여 생활에 필요한 물건이나 에너지를 만드는 산업이에요. 제조업, 광업, 건설업 등이 해당돼요.
3차 산업은 1, 2차 산업으로 얻은 물건들을 사람들이 쉽게 쓸 수 있도록 도와주는 산업이에요. 유통업, 요식업*, 숙박업, 서비스업, 금융업 등이 이에 속하지요.

음식점은 요식업, 은행은 금융업이므로 3차 산업에 해당하지.

요식업 가게를 만들어 음식 등을 파는 산업.

민우는 동네에서 자주 보던 은행이나 식당부터 생기는 것이 신기했어요.
"그럼 내가 사는 도시도 이런 식으로 가게들이 생겨난 건가?
우리 도시처럼 가게가 많으면 더 좋겠어!"
민우는 아이콘을 눌러 여러 가게와 기관들을 마구 만들었어요.

"이렇게 갑자기 가게와 기관들을 많이 만들면 어떡해? 그럼 시내의 교통을 더 편리하게 만들어야 한다고."

"아유, 잔소리 좀 그만해! 나도 다 생각이 있거든!"
민우는 'ⓧ 버튼'을 눌러 지니를 꺼 버렸어요.
"아유, 조용하니까 좋네."

민우는 도시 가운데에 있는 길을 보며 골똘히 생각했어요.

"흠, 규모가 커지니까 경전철하고 마을버스만으로는 부족하겠어.

우리 집 앞에 서는 버스만 해도 시내 먼 곳까지 가는 시내버스,

다른 도시까지 가는 광역 버스, 공항까지 가는 공항버스 등 꽤 많잖아?

도시가 되었으니 지하철도 만들어야겠어."

민우는 중심지에서 시내와 시외 곳곳을 오가는

시내버스와 광역 버스, 지하철을 만들었어요.

경전철을 만들다 금고가 텅 비어 버린 기억이 떠올라서

조금씩 천천히 건설했지요.

내친김에 시외버스 터미널까지 만들자,

도시는 기계 속의 톱니바퀴처럼 알아서 착착 돌아갔어요.

교통수단이 늘어나니 더 많은 사람들이 도시로 모이는구나!

그런데 얼마 지나지 않아 화면 속 사람들이 또 슬금슬금 떠들기 시작했어요.

민우는 잘 이해가 되지 않았어요.

"다른 도시 사람들이 우리 도시에 와서 밥을 먹는 게 나한테 이득인가?"

지니에게 물어보고 싶었지만 꺼 버렸잖아요.

그래서 민우는 도움말 버튼을 눌렀어요.

사람들이 우리 도시에 와서 돈을 쓰면 우리 도시에서 장사하는 사람들이 돈을 벌게 됩니다. 그러면 도시의 세금이 늘어나지요.

민우가 도움말을 읽고 고개를 끄덕이는데, 새로운 임무가 주어졌어요.

도시에 사람들이 더 모이도록 커다란 기관을 만들어 보세요.

"좋아, 다른 도시 사람들이 우리 도시에 와서 마음껏 돈을 쓰게 해야지!"

민우는 커다란 도시에 갖추면 좋을 시설을 살펴보았어요.

백화점
유통과 관련된 산업이 발달합니다. 고소득층 주민들의 생활이 편리해집니다.

대학교
교육과 관련된 산업이 발달합니다. 학생, 젊은 주민들의 생활이 편리해집니다.

대형 병원
의료와 관련된 산업이 발달합니다. 어린아이를 둔 주민, 나이 든 주민들의 생활이 편리해집니다.

대형 운동장
스포츠와 관련된 산업이 발달합니다. 젊은 주민들의 생활이 편리해집니다.

"아, 다 있으면 좋겠는데. 항상 선택이 문제란 말이야."
민우는 주민들의 생활을 관찰했어요.
주택과 아파트마다 어린아이들과 학생들이 가득했지요.
"흠, 아무래도 우리 도시에는 대학교가 있는 게 좋겠어.
학생들이 확 늘어날 것 같으니까 말이야."
민우는 대학교를 짓기 시작했어요.
도시 바깥쪽의 넓은 땅은 대학교를 짓기에 충분했어요.

임무 완수

이제 당신의 도시는 교육 도시로 자리 잡았습니다.
도시의 특색을 더욱 살려 운영해 보세요. 금화 10개를 드립니다.

"흠, 교육 도시란 말이지? 그럼 도서관도 지어 볼까?"

민우는 학교 근처에 도서관을 지었어요.

집이나 학교 근처에 도서관이 있으면 아주 편리하니까요.

그러자 대학교 주변으로 조그만 연구소와 출판사가 생기기 시작했어요.

그 덕에 사람들이 더 몰려들었지요.

"나, 도시를 정말 잘 운영하는걸! 지니가 봐야 하는데……."

바로 그때 세영이가 민우에게 메시지를 보내왔어요.

 우아, 도시에 대학교도 만들었어?
이대로 간다면 특별시가 되는 것도 문제없겠는걸?
우리 함께 열심히 하자!

"특별시? 단계가 더 올라가면 특별시가 되나 봐!"

민우는 특별시가 된 자신의 도시를 떠올렸어요.

몹시 근사할 것 같았지요.

민우는 신이 나서 더 필요한 것은 없는지 살폈어요.

"저런! 사람들이 외식할 곳이 없네. 식당을 좀 더 지어야겠다.
중국집, 피자집, 치킨집……."
민우는 도시 곳곳에 식당을 마구 만들었어요.
그런데 10분도 지나지 않아 식당 주인들이 불만을 쏟아 냈어요.

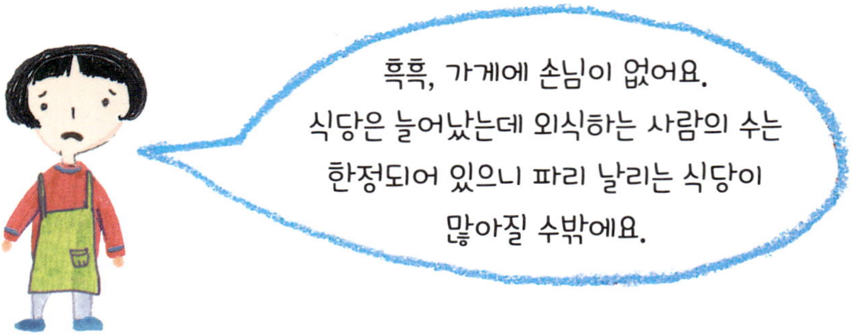

흑흑, 가게에 손님이 없어요. 식당은 늘어났는데 외식하는 사람의 수는 한정되어 있으니 파리 날리는 식당이 많아질 수밖에요.

"손님이 없다고? 손님을 어떻게 끌어오지?
공공 기관을 하나 더 지을까?
아니면 식당 근처에 커다란 운동장을 세울까?"
그러나 금고에는 그만한 돈이 없고,
딱히 필요하지 않은 공공 기관을 더 짓는 것은 낭비 같았어요.
민우는 고민 끝에 다시 지니를 불러냈어요.
아니나 다를까 지니는 나타나자마자 잔소리를 해 댔어요.

뒷일은 생각지도 않고 그렇게 막 지으면 어떡해? 사람들이 필요로 하는지를 꼼꼼히 따져 봐야지.

급기야 문을 닫는 가게들이 생겨났어요.
그러자 식당에 재료를 공급하던
유통 업체들도 문을 닫고, 유통 업체들이 문을 닫자
일자리를 잃은 사람들이 이사를 가고, 사람들이 이사를 가자
집이나 가게를 사고 파는 부동산이 문을 닫고…….
꼬리에 꼬리를 물고 나쁜 일이 일어났지요.

"이런, 제대로 돌아가는 건 겨우 대학교와 그 주변 시설뿐이잖아?"
엎친 데 덮친 격으로 걷히는 세금도 줄어들기 시작했어요.
"사람과 가게가 줄었으니 세금이 줄어드는 게 당연하지. 이를 어째?"
민우는 그동안 공들여 만든 도시가 엉망이 될까 봐 불안했어요.
민우는 한숨을 내쉬고 다시 차근차근 도시를 살펴보았어요.
금고에 금화는 얼마 없었지만, 어떻게든 도시를 살려 내고 싶었어요.

"흠, 좋아. 우리 도시의 장점을 생각해 보자.
일단 평야에 자리 잡고 있어서 큰 건물을 짓기에 좋아.
교통도 꽤 편리하고, 문을 닫은 가게도 있지만 아직 편의 시설도 많지.
무엇보다 대학교와 도서관이 많아. 그럼 무엇을 할 수 있을까?"
바로 그때 화면에 임무가 나타났어요.

임무
도시의 산업에 활력을 불어넣고
사람들을 모을 수 있는 행사를 열어 보세요!

한 걸음 더! 도시 계획이란 무엇일까요?

옛날에는 마을과 도시가 저절로 생겨났다가 사라지곤 했어요. 그렇지만 요즘에는 계획을 해서 도시를 만드는 경우가 많지요. 이렇게 만들어진 도시를 '계획도시'라고 해요.

정부에서는 일정한 지역에 도시가 필요하다고 판단되면 새로 세울 도시에 대해 여러 가지 조사를 하고 자료를 수집해요. 사람이 얼마나 늘어날지, 집이 얼마나 필요할지, 차는 얼마나 다닐지, 문화·상업·교육 시설은 얼마나 갖추어야 할지 등을 조사하지요.

그런 다음 전기, 수도, 통신 시설 등 도시에 필요한 기본 시설을 갖추고 큰 도로와 작은 도로를 만들어요. 또 주민들이 이용할 주택과 상업·교육 시설을 골고루 배치해요. 주택 지구에 주택이, 상업 지구에 상가가 들어서면 질서가 잡힌 도시가 완성되지요.

우리나라의 대표적인 계획도시로는 안산, 과천, 일산 등이 있어요. 모두 1970년대 후반에 만들어졌어요. 안산은 서울이 너무 복잡해지는 것을 막고, 서울의 공장을 이전하기 위해 만든 도시예요. 과천은 서울의 행정 기관을 이전하기 위해 건설했지요. 1990년부터 건설하기 시작한 일산은 수도권에 주거 공간이 부족하여 집값이 크게 오르자, 주택을 공급하기 위해 만들었어요.

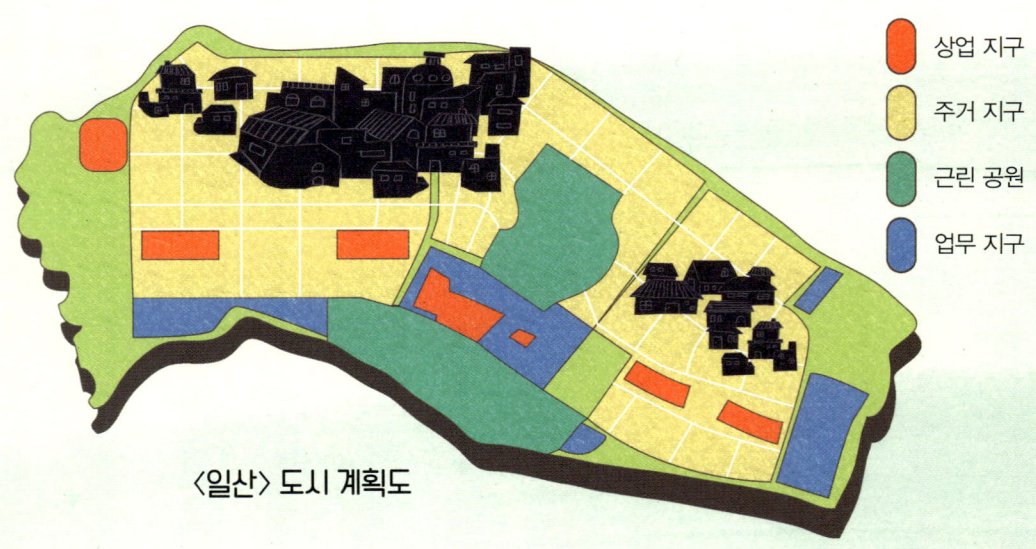

〈일산〉 도시 계획도

서울에 행정 기관이 몰려 있어 지방이 고루 발전하지 못하자 정부는 수도권의 행정 기관을 지방으로 옮기기로 결정했어요. 그래서 충청남도 연기군과 공주시 일대를 세종특별자치시로 지정하고 행정 중심 복합 도시를 건설하고 있지요. 행정 중심 복합 도시는 도시의 기능에 따라 6개의 생활권으로 구분되며 각 생활권의 특징에 맞는 시설이 들어설 예정이에요.

〈세종특별자치시 행정 중심 복합 도시〉 도시 계획도

민우는 어떤 행사가 있을까 고민하다가 '축제' 버튼을 눌렀어요.

도시마다 특색을 살려 축제를 열어요. 특산품을 알리는 축제, 그 도시 출신의 유명한 사람을 내세운 축제, 도시에서 중요하게 여기는 산업을 홍보하는 축제 등이 있지요.

그제야 민우는 옛날에 가족들과 다녀왔던 여러 축제들이 생각났어요.
"맞아, 새우젓 축제가 있다고 엄청 웃었더니
엄마가 굉장히 유명한 축제라고 했어.
꽃 축제도 있고, 소설가의 이름을 딴 문학 축제도 있었어."
하지만 민우의 도시에는 특산물도, 유명한 사람도 없었어요.

그래서 이번에는 '체육 대회' 버튼을 눌러 보았어요.

 도시마다 큰 체육 대회를 열기도 해요. 작게는 지역의 육상 대회나 배구 대회, 축구 대회도 있고 크게는 전국의 학생들이 참여하는 전국 체전, 국제 행사인 유니버시아드 대회, 아시안 게임, 월드컵, 올림픽 등을 개최하기도 하지요.

"에잇, 이것도 불가능해. 우리 도시에는 아직 수영장이나 축구장도 없는데 어떻게 체육 대회를 해. 체육 대회를 개최하려고 체육관을 몇 개씩 지었다간 금고가 또 텅텅 비고 말 거야."

민우는 다음 항목을 눌러 보았어요.

 도시마다 큰 전시회를 열기도 해요. 특히 국제 박람회, 엑스포라고 불리는 만국 박람회는 문화와 산업에 관한 세계적인 전시회예요. 우리나라 경주에서 열렸던 세계 문화 엑스포, 대전에서 열린 과학 엑스포, 여수 세계 박람회 등이 대표적인 국제 전시회랍니다.

"또 막무가내로 하지 말고, 다른 도시를 좀 살펴보지 그래? 축제나 체육 대회를 연 도시들이 분명히 있을 테니 말이야."

"쳇, 알았어."

민우는 친구들에게 메시지를 띄웠어요.

안녕, 우리 도시에서 지역 축제 같은 행사를 열어 보려고 해. 혹시 행사를 치러 본 사람 있으면 경험담 좀 들려줄래?

그러자 곧 답장이 두 개나 왔어요.

안녕, 우리 도시에서는 역사 엑스포를 열었어. 국제 행사라 좀 힘들긴 했지만 그만큼 우리 도시에 도움이 되었지.

안녕, 우리 도시에서는 사과 축제를 열었어.
우리 도시의 특산품이 사과거든.
축제 덕분에 사과도 많이 팔리고 관광객도 늘어서 좋았어.

민우는 역사 엑스포를 개최했다는 친구의 도시로 가 보았어요.

민우는 사과 축제를 연 이웃 도시 운영자의 이야기를 듣고 고개를 끄덕였어요.

"흠, 역시 도시에 있는 자원을 활용하는 것이 좋겠어. 아니면 처음부터 모든 것을 새로 마련해야 하잖아. 도시 사람들의 생활과 잘 맞을지도 알 수 없고. 우리 도시에는 대학교와 도서관, 출판사가 많으니까 '책 축제'가 좋겠어! 우아, 나 천재인가 봐!"

뭐 잊은 것 없어? 축제를 한다고 사람들이 저절로 모이는 건 아니잖아. 이웃 도시에 홍보를 잘해야지. 그러려면 이웃 도시와 자주 오가며 친해져야 한다고!

"흠, 이웃 도시와 어떻게 친해지지? 같이 놀자고 해야 하나?"
그때 민우의 마음을 들여다보기라도 한 듯, 새로운 임무가 주어졌어요.

이웃 도시와 활발하게 교류하여
도시의 축제를 홍보해 보세요.

민우는 이웃 도시들에 쪽지를 보냈어요.

안녕, 혹시 우리 도시와 교류하지 않을래? 우리 도시에는 대학교도 있고 도서관도 많아. 우리 도시와 교류하면 이런 시설들을 자유롭게 이용하도록 해 줄게. 누구든 대환영이야! 그리고 책 축제도 열 예정이니 많이 놀러 오렴!

우아, 너희 도시를 둘러봤는데 진짜 멋지구나. 우리 도시는 바닷가에 자리해서 커다란 배를 만드는 조선소가 있어. 너희 도시의 대학교에 다니는 연구원이나 청년들이 우리 도시에서 일할 수 있도록 연결해 주면 어때? 대신 우리 도시의 젊은이들이 너희 도시에서 공부할 수 있게 하는 거지. 너희 도시에서 준비하는 축제에 도움이 필요하면 언제든지 말해.

"다른 도시와 교류하니까 좋구나. 이런 방법은 생각지도 못했는걸!"

민우는 싱글벙글했어요. 그때 또 다른 도시에서 쪽지가 왔어요.

안녕, 우리 도시는 농업 도시야. 우리 도시에는 고등학교까지만 있어서 대학은 이웃 도시로 가야 하는데, 너희 도시가 딱 맞을 것 같아.
우리 도시에서 재배한 질 좋은 농산물을 팔 수 있도록 직거래 장터를 만드는 건 어때? 너희 도시 사람들에게도 도움이 될 거야. 참, 너희 도시의 축제도 기대하고 있어.

"음, 생각보다 다양한 방식으로 도시끼리 교류가 이루어지네."

73

민우는 마음이 바빠졌어요. 갑자기 두 도시와 교류를 맺게 되었고,
책 축제도 준비해야 했거든요.

천천히 꼼꼼하게 준비해.
일단 두 도시의 사람들이 자주 오갈 테고,
축제를 하면 관광객도 올 테니
교통 시설과 숙박 시설을 갖추어야겠지?

"알았어!"
민우는 일단 시외버스 터미널에 양쪽 도시를 오가는 버스를 늘리고,
기차역을 새로 만들었어요.
교통이 편리해지자 교류를 맺은 도시에서 더욱 많은 사람들이 왔어요.
"우아, 도시가 훨씬 활기찬걸!"

민우의 자랑거리인 대학교 역시 학생들이 급격하게 늘어났어요.

농산물 직거래 장터를 열자 도시 사람들도 기뻐했지요.

민우네와 교류하는 두 도시도 신이 나긴 마찬가지였어요.
한 곳에서는 청년들이 일을 잘해 조선소에 도움이 된다며 고마워했어요.
다른 곳에서는 싱싱한 농산물을 많이 팔았다며 좋아했지요.

이렇게 도시가 활기를 띠자, 축제를 준비할 돈이 넉넉해지고,
솜씨 좋은 사람들도 몰려들었어요.
"좋아, 이왕 하는 거 제대로 해야지!"
민우는 도시의 별명을 '책의 도시'로 정하고
그에 맞는 귀여운 캐릭터를 만들어 도시 곳곳에 붙였어요.
갖가지 문구와 구호를 적은 깃발도 여기저기에 세웠지요.
방문한 사람들이 실망하지 않도록, 재미있는 전시물도 설치했어요.
이웃 도시는 물론 게임 공지 게시판에도 광고를 했어요.

그때였어요. 갑자기 화면에 폭죽이 터지며 플래카드가 나타났어요.

게임 성공!

"벌써 끝난 거야?"
잠시 뒤 민우의 도시가 화면에서 휙 사라져 버렸어요.
민우는 어떻게든 게임을 다시 실행시키려고
바탕 화면이며 프로그램 폴더를 뒤졌지만,
마을 만들기 게임은 도저히 찾을 수가 없었어요.
"축제를 너무 잘 치렀나 봐. 도시에서 하고 싶은 일이 엄청 많았는데
이렇게 아쉽게 끝나 버리다니……."
'뻐꾹, 뻐꾹, 뻐꾹, 뻐꾹, 뻐꾹, 뻐꾹, 뻐꾹, 뻐꾹, 뻐꾹!'
민우는 거실에 있는 뻐꾸기 시계 소리에 깜짝 놀랐어요.
"으악, 벌써 아홉 시야? 망했다! 아까 일곱 시였는데
벌써 두 시간이나 지난 거야?"

게임을 하느라 고장의 특산물이고 뭐고 조사를 하나도 못했어요.
그때 갑자기 바탕 화면 한쪽에서 지니가 톡 튀어나왔어요.

"뭘 고민해, 마을 박사님!
마을부터 도시까지 잘 알고 있잖아?
이제 숙제는 식은 죽 먹기지?
그럼 난 이만, 뿅!"

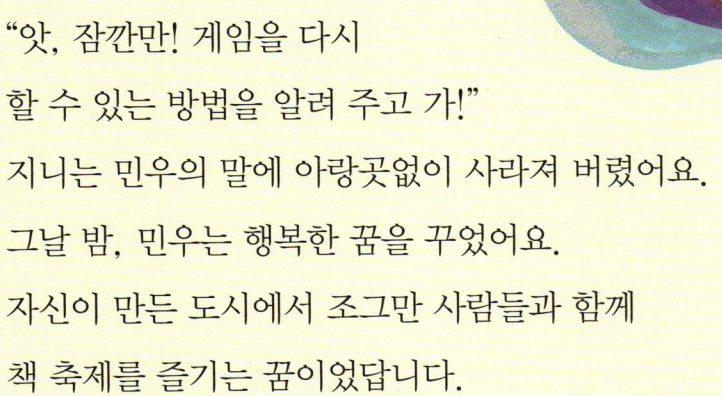

"앗, 잠깐만! 게임을 다시
할 수 있는 방법을 알려 주고 가!"
지니는 민우의 말에 아랑곳없이 사라져 버렸어요.
그날 밤, 민우는 행복한 꿈을 꾸었어요.
자신이 만든 도시에서 조그만 사람들과 함께
책 축제를 즐기는 꿈이었답니다.